Stellmacher, Hermien:
Das Weihnachtswunschgeheimnis
ISBN 3 522 30060 2

Einband- und Innentypografie: Michael Kimmerle,
Stuttgart
Schrift: DaxCondensed, BaaBook HMK Bold
Lektorat: Katharina Ebinger
Reproduktion: Photolitho AG, Gossau/Zürich
Druck und Bindung: J.P. Himmer, Augsburg
© 2004 by Gabriel Verlag
(Thienemann Verlag GmbH), Stuttgart/Wien
Printed in Germany. Alle Rechte vorbehalten.
5 4 3 2 1* 04 05 06 07   C E

Gabriel im Internet: www.gabriel-verlag.de

Hermien Stellmacher

Das Weihnachtswunsch-geheimnis

gabriel

Es war kurz vor Weihnachten. Schon am frühen Morgen waren Hase, Eule, Igel und Eichhörnchen unterwegs und sammelten fleißig Holz.

»Wir sollten dieses Jahr mal etwas ganz Besonderes machen«, sagte Hase und kratzte sich nachdenklich hinter dem Ohr.

»Wir schmücken doch wieder einen Baum!«, rief Eule. »Schaut mal! Dieser ist genau richtig!«

»Schon«, murmelte Hase. »Aber das machen wir ja immer. Ich meine, etwas wirklich Besonderes!«

»Da habe ich eine Idee!«, rief Igel aufgeregt. »Wir ziehen Lose!«

»Lose?« Die anderen schauten ihn verdutzt an.

»Ja, jeder von uns malt sich selber. Und dann falten wir die Bilder zusammen, mischen sie gut durch und jeder darf eins ziehen.«

Eule runzelte die Stirn. »Und was machen wir dann?«

»Ganz einfach«, sagte Igel. »Wenn ich das Los mit deinem Bild ziehe, Eule, bekommst du von mir ein Geschenk!«

Hase bekam leuchtende Augen. »Und wenn ich dein Los ziehe, muss ich dir etwas schenken, stimmt's?«

Igel nickte. »Genau! Wie findet ihr die Idee?«

»Toll!«, riefen seine Freunde und sie machten sich auf den Weg zu Hase, um Lose zu malen.

Als die Lose fertig waren, faltete jeder seins zusammen.
Igel mischte die Zettel und jeder durfte sich einen nehmen.
»Man darf aber nicht verraten, wen man gezogen hat, oder?«,
hakte Hase noch mal nach.
Igel schüttelte den Kopf. »Nein, sonst ist es nicht mehr so spannend!«
Vorsichtig schauten sie auf ihre Zettel.
Plötzlich drehte Eule ihren Zettel um, sodass alles das Bild sehen konnten.
»He, das darf man doch nicht!«, rief Eichhörnchen erschrocken.
Aber dann sahen sie, was passiert war:
Eule hatte ihr eigenes Los gezogen ...
»Und jetzt?«, fragte Hase.
»Alles noch mal von vorne«, sagte Igel
und mischte die Lose erneut.

Dieses Mal hatte es geklappt. Jeder wusste nun, wen er beschenken sollte.

»Ich habe noch eine Rolle Geschenkpapier!«, rief Hase. »Die teilen wir auf, damit alle Päckchen gleich aussehen.«

»Und wo legen wir die Päckchen hin, wenn sie fertig sind?«, fragte Eichhörnchen.

»Am besten in den großen hohlen Baum«, schlug Eule vor. »In einen Korb!«

»Genau!«, rief Igel. »Dann weiß niemand, wer welches Päckchen dort hingelegt hat!«

Igel machte sich zu Hause gleich an die Arbeit.
Eule hat ja eine Menge Kerzenständer in ihrem Baum, überlegte er.
Bestimmt sammelt sie die! Er schaute sich in seiner Bastelecke um und
fand, was er suchte: einen Baumstamm, eine Säge, Farbe und Klebstoff.
»Sehr gut«, sagte er zufrieden. »Das wird ein wunderschöner Kerzenständer!«
Er strich sich kurz über die Stacheln. »Hoffentlich bekomme ich keine Mütze«,
murmelte er. Mützen konnte er überhaupt nicht leiden.

Kaum war Eule in ihrem Baumhaus angekommen, befreite sie den Tisch
zuerst von den vielen Kerzenständern. »Warum schenkt mir meine Tante
nur immer Kerzenständer ...«, seufzte sie. »Einer ist ja ganz schön,
zwei gehen auch noch, aber ich habe bestimmt schon zehn Stück!«
Sie legte die Zeichnung von Eichhörnchen in die Mitte des Tisches.
»Ich weiß schon, was ich Eichhörnchen schenke«, sagte sie vergnügt
und rieb sich die Flügel. »Eine Umhängetasche! Dann hat es beim
Nüssesammeln immer die Pfoten frei.«

Im Baum nebenan wühlte Eichhörnchen in seiner Sammelkiste.
Darin lagen lauter Sachen, die es selber nicht brauchen konnte:
ein alter Hut, der ihm immer vom Kopf flog, eine Umhängetasche,
mit der es immer in den Ästen hängen blieb, ein gelbes Tuch ...
»Ja, ich mache für Hase ein schickes Halstuch!«, rief Eichhörnchen glücklich.
Die anderen Sachen stopfte es zurück in die Kiste. »So wie der immer
rumrennt, bekommt er bestimmt leicht Halsweh im Winter!«
Dann legte Eichhörnchen los und machte aus dem Tuch ein tolles
Weihnachtsgeschenk.

Währenddessen schaute Hase sich um in seinem Bau.
Worüber würde Igel sich freuen?
»Da hängt ja die Idee!«, rief er zufrieden und nahm seinen langen Strickschal.
»Schals sind doof, da latsche ich immer drauf«, sagte er zu sich selbst.
»Aber wenn ich ihn auftrenne, kann ich mit der Wolle eine kuschelige
Mütze für Igel stricken. Der friert bestimmt im Winter mit seinen Stacheln.«
Schon bald war die Mütze zur Hälfte fertig.
»Oh, wird die schön!«, seufzte Hase. »Am liebsten würde ich sie selber behalten!«

Als alle Päckchen schon im hohlen Baum lagen,
kam ein kleiner Dachs daher.
Er war ganz aufgeregt wegen Weihnachten.
»Ui! Geschenke!«, rief der kleine Dachs und nahm
die Päckchen aus dem Korb. Was da wohl drin ist?,
überlegte er. Ob die für mich sind?
Schon bald hielt er es vor lauter Neugierde nicht
mehr aus und machte ratz-fatz alle Päckchen auf!

»Was hast du denn jetzt schon wieder angestellt?«

Der kleine Dachs zuckte zusammen.

Neben ihm tauchte sein großer Bruder auf. »Du kannst doch nicht einfach diese Päckchen aufmachen?!«, rief er entsetzt. »Die sind nicht für dich!«

»Aber es ist bald Weihnachten«, stammelte der kleine Dachs. »Und da habe ich gedacht …«

»Diese Päckchen sind für andere Tiere!«, rief sein Bruder und zeigte auf die Bilder, die im Schnee herumlagen. »Was machen wir denn nun?!«

»W-wir könnten die Sachen wieder einpacken«, stammelte der kleine Dachs. »D-dann merkt bestimmt keiner was.«

Sein Bruder kratzte sich am Kopf. »Ja, aber weißt du denn noch, wie die Sachen zusammengehören?«

»Klar!«, schummelte der kleine Dachs und bekam rote Ohren. »Das ist ganz einfach!«

Und eine Viertelstunde später lagen alle Päckchen wieder im Korb.

Endlich war es Heiligabend. Als es dunkel wurde, holten Hase und Eichhörnchen den Korb mit den Geschenken und Eule verteilte die Päckchen.
»Das ist bestimmt ein super Geschenk!«, sagte Hase und schnüffelte am Papier.
»Ich glaube, meins auch!«, rief Eichhörnchen aufgeregt. »Darf ich zuerst auspacken?«

»Ein Kerzenständer!«, rief Eichhörnchen. »Ist der schön!«
Igel wusste nicht, wie ihm geschah. »Ja, aber-aber«, stotterte er.
Doch dann sah er die strahlenden Augen seines Freundes.
»Aber ... aber freust du dich denn?«, fuhr er fort.
Eichhörnchen nickte. »Und wie!«, seufzte es. »So einen bunten
Kerzenständer habe ich mir schon immer gewünscht!«

Dann durfte Eule auspacken. Umständlich zupfte sie an der
Schleife herum, doch dann rief sie: »Oh, das ist ja das schickste
Tuch, das ich je gesehen habe!«
Hase nickte. »Das passt genau zu deinen Federn!«
Eichhörnchen und Igel brachten keinen Ton heraus.
»M-magst du denn überhaupt Tücher?«, stotterte Eichhörnchen.
»Und wie!«, rief Eule und hielt das Tuch hoch. »Schaut mal! Ist es
nicht klasse?«

»Jetzt bin ich aber dran!«, rief Igel und riss das Papier von seinem Geschenk.
Freudestrahlend hielt er die Tasche hoch. »Super! So was kann ich gut
gebrauchen!« Er hängte sie sich gleich um und lief durchs Zimmer.
»Sieht stark aus!«, rief Eichhörnchen. »Dreh dich mal um!«
Die verblüfften Gesichter von Eule und Hase sahen sie nicht.

»Und jetzt ich!«, rief Hase und machte die Schnur ab. »Es ist ...«
Langsam öffnete er das Päckchen. »... eine Mütze!«
Verdutzt schaute er auf das Geschenk, dann grinste er breit. »Und was für
eine wunderbare Mütze!«
»Und?«, fragte Eichhörnchen vorsichtig. »Freust du dich?«
»Und wie!«, rief Hase. »Wer würde sich über so 'ne Mütze nicht freuen?«
»Ich!«, rief Igel. »Mützen verhaken sich immer ganz schlimm in meinen
Stacheln, weißt du!«
Da staunte Hase aber.

Nach der Bescherung liefen sie
zusammen in den Wald hinaus.
Wie jedes Jahr hatte Eule eine
Tanne mit Kerzen geschmückt.
Die Freunde machten es sich
mit einem Becher heißen Tee
so richtig gemütlich.

»Irgendwie ist die Weihnachtszeit schon
eine geheimnisvolle Zeit, oder?«, grübelte Igel.
»Oh ja!«, sagte Hase. »Sehr geheimnisvoll sogar!«,
und zog sich seine neue Mütze fest über die Ohren.